EMG3-0114
合唱楽譜＜J-POP＞
J-POP CHORUS PIECE

合唱で歌いたい！ J-POPコーラスピース

混声3部合唱

日々
（吉田山田）

作詞・作曲：吉田山田　合唱編曲：田中和音

••• 演奏のポイント •••

♪コーラスはユニゾンが多いので、お互いのパートをよく聴きながら丁寧に歌いましょう。フレーズの頭や縦をきちんと揃えることがポイントです。
♪言葉の意味が伝わるように、発音やアクセントをよく意識して歌いましょう。
♪ダイナミクスをしっかり表現することで、感動的な盛り上がりへと導けます。
♪ピアノ伴奏は、ピアノの音が際立って聴こえ過ぎないよう、柔らかい音で演奏するよう心がけましょう。

【この楽譜は、旧商品『日々（混声3部合唱）』（品番：EME-C3119）とアレンジ内容に変更はありません。】

合唱で歌いたい！J-POPコーラス

日々

作詞・作曲：吉田山田　合唱編曲：田中和音

© 2013 by NHK Publishing,Inc. ＆ NICHION, INC.

MEMO

日々（吉田山田）

作詞：吉田山田

おじいさんはおばあさんと目を合わせ　あまり喋らない
寄り添ってきた月日の中　ただ幸せばかりじゃなかったんだ

分厚いガラス眼鏡　手のひらのシワ
写真には写らない思い出　笑い出す二人

出逢った日　恋に気づいた日
結婚した日　別れたいと思った日
子供を抱いた日　手を離れた日
溢れる涙よ　これは幸せな日々

おじいさんはおばあさんを呼ぶ時も　名前じゃ呼ばない
おこった顔がいつもの顔　ただ嬉しい時には口笛ふく

お気に入りのニット帽　おばあさんが編んだ
子供の頃のように　ありがとうが伝えられない

泣かせた日　家を出て行った日
抱き合えた日　背を向けて眠った日
希望を持たせた日　それを恨んだ日
溢れる涙よ　やけにデコボコな日々

おじいさんは　からだをこわして
おばあさんは　独り泣いた
伝えなくちゃ大切な気持ち
いつも毎日本当に、、、、

出逢った日　恋に気づいた日
結婚した日　別れたいと思った日
子供を抱いた日　手を離れた日
溢れる涙よ　これは幸せな日々

涙の数だけ　きっと幸せな日々

エレヴァートミュージックエンターテイメントはウィンズスコアが
展開する「合唱楽譜・器楽系楽譜」を中心とした専門レーベルです。

ご注文について

エレヴァートミュージックエンターテイメントの商品は全国の楽器店、ならびに書店にてお求めになれますが、店頭でのご購入が困難な場合、下記PC&モバイルサイト・FAX・電話からのご注文で、直接ご購入が可能です。

◎**PCサイト＆モバイルサイトでのご注文方法**
http://elevato-music.com
上記のアドレスへアクセスし、WEBショップにてご注文ください。

◎**FAXでのご注文方法**
FAX.03-6809-0594
24時間、ご注文を承ります。上記PCサイトよりFAXご注文用紙をダウンロードし、印刷、ご記入の上ご送信ください。

◎**お電話でのご注文方法**
TEL.0120-713-771
営業時間内に電話いただければ、電話にてご注文を承ります。

※この出版物の全部または一部を権利者に無断で複製（コピー）することは、著作権の侵害にあたり、著作権法により罰せられます。

※造本には十分注意しておりますが、万一、落丁・乱丁などの不良品がありましたらお取り替えいたします。また、ご意見・ご感想もホームページより受け付けておりますので、お気軽にお問い合わせください。